Premium

NUDE POSEBOOK

典藏裸體姿勢集

模 特 兒｜小宵こなん

攝 影｜田村浩章

譯｜何姵儀

U0026212

CONTENTS

MODEL

小宵こなん

Koyoi Konan

出生年月日：1999年4月2日

身高：164cm

三圍：B 96cm(H) / W 59cm / H 94cm

興趣：到健身房運動、觀看成人影片

前 言

　　女性的胴體真是千嬌百媚、娉婷婀娜！長久以來一直被知名藝術家做為作品題材的女性肉體，根本就是激發無限想像的美麗與創造泉源。手正拿著這本姿勢集的你，不也是被女性胴體的美所吸引的其中一個畫家嗎？

　　本書收錄了裸體模特兒盡其所能擺出的各種姿勢，並從不同的角度來拍攝，好讓讀者在尋找人物素描資料時能大大地派上用場。除了站、坐、躺等人物畫的基本姿勢，書中亦收錄了不少性感動作，讓女性獨有的柔和豐腴曲線一覽無遺。此外，本書還採用了大開本來進行照片排版，讓大家在將其當作素描資料利用時，可以更加容易觀察模特兒的姿勢變化。

　　不論是擅長裸體素描的中高階繪者，還是初次挑戰人物畫的新手，一定都能從本書中找到想要提筆試畫的動作。那麼，大家趕緊打開素描本，試著把喜歡的姿勢畫下來吧！

Premium
NUDE
POSE
BOOK

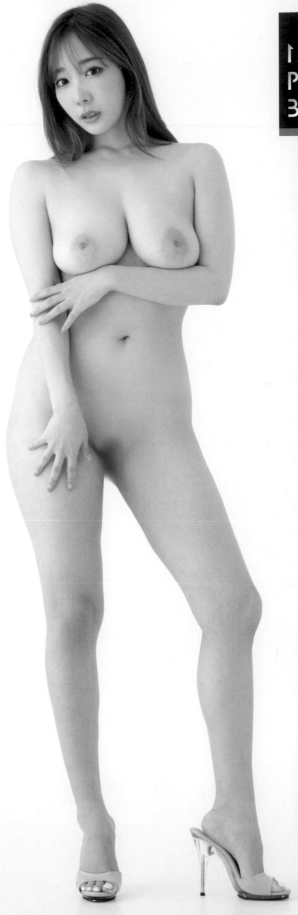

Chapter
01
Standing
Pose

人體素描的基本動作──站姿。
讓我們一邊留意身體軀幹方向及重心位置，
一邊試著加以描繪吧。

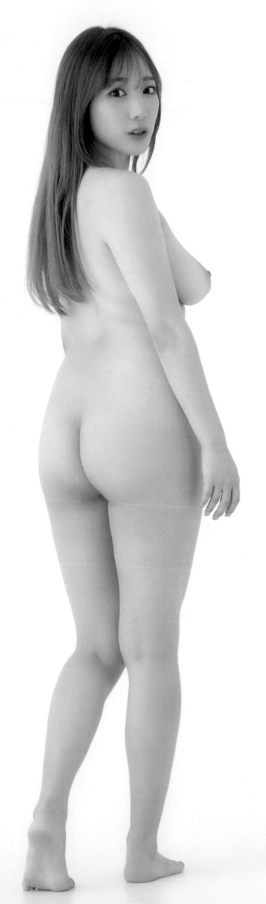

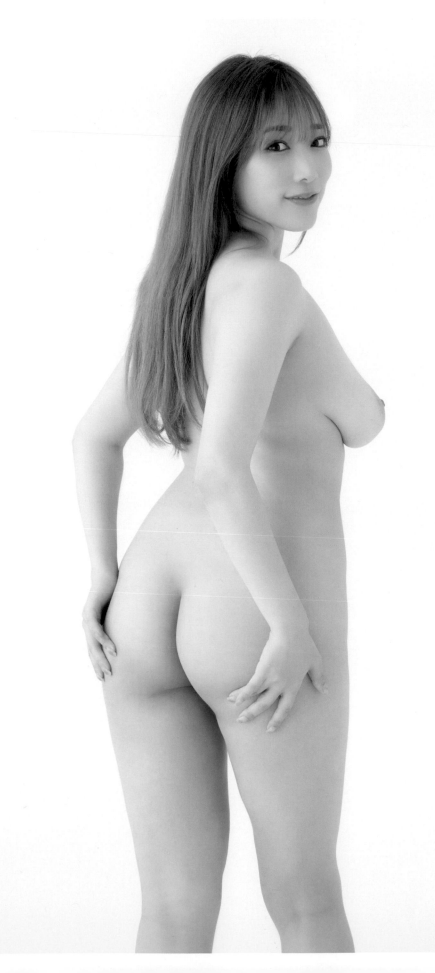

Chapter
02
Kneeling
&
Sitting
Pose

充滿女人味、曲線畢露的坐姿。
讓我們一邊仔細觀察落在地板的陰影，
一邊試著加以描繪吧。

Premium
NUDE
POSE
BOOK

Chapter
03
Lying
Pose

躺下時重力平衡會產生變化，
臉型、乳房與臀部
也會展現不同形狀。

Chapter
04
with Chair & Sofa

將身體擺放在高度
以及造型各異的椅子上，
擺出千變萬化的撩人姿勢。

Chapter
05
Devil's
Cosplay

讓任性的小惡魔
玲瓏曲線更加迷人的
魔鬼扮裝造型。
背德之美，情色瀰漫。

Chapter

06

Light
&
Shadow

強調陰影的線條，
讓模特兒的曼妙身材
更加玲瓏有致，
豐滿圓潤。

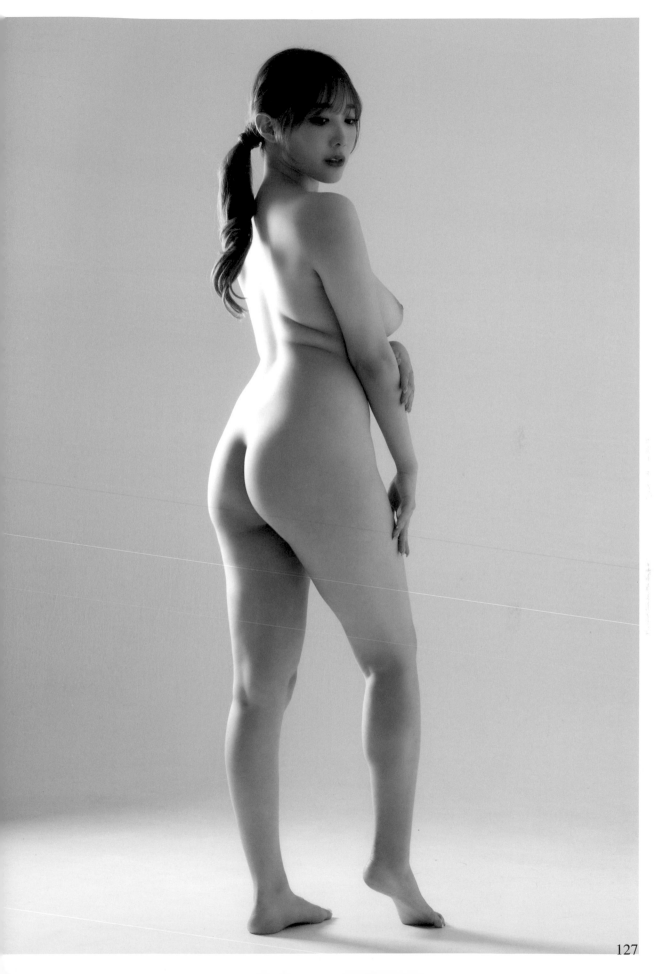

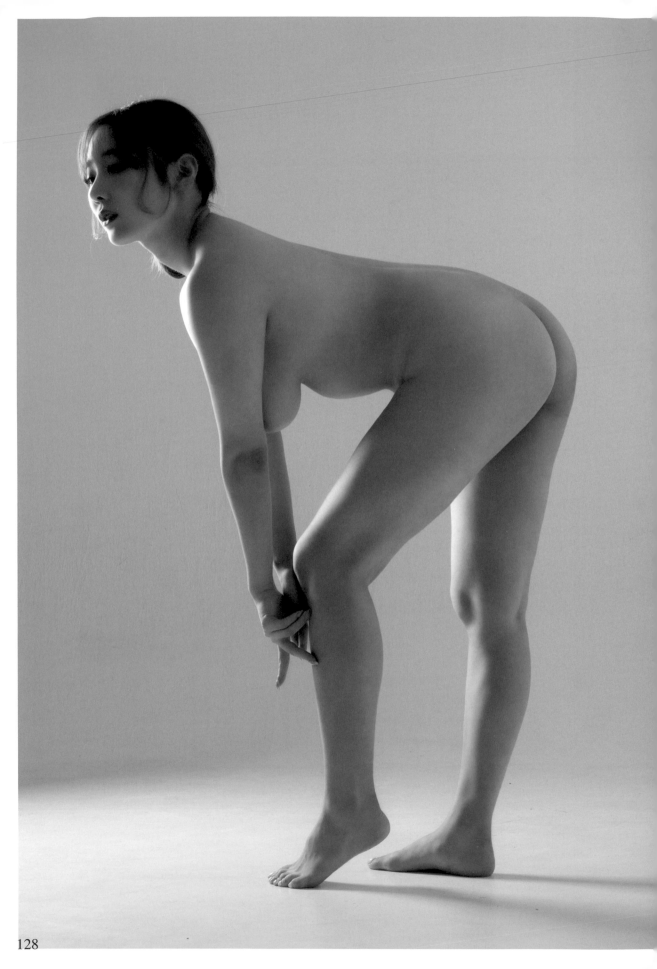

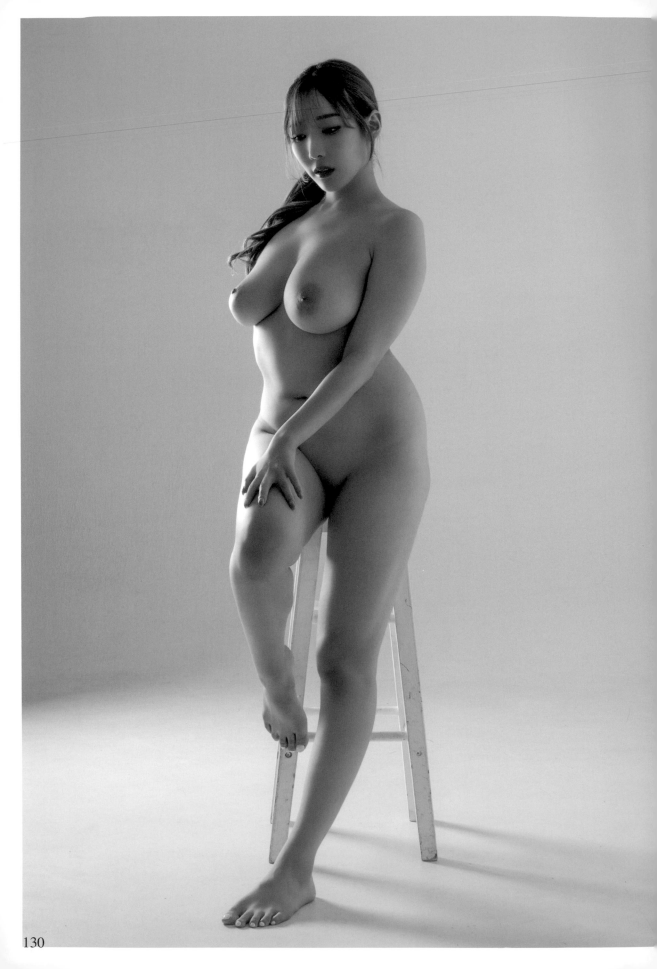

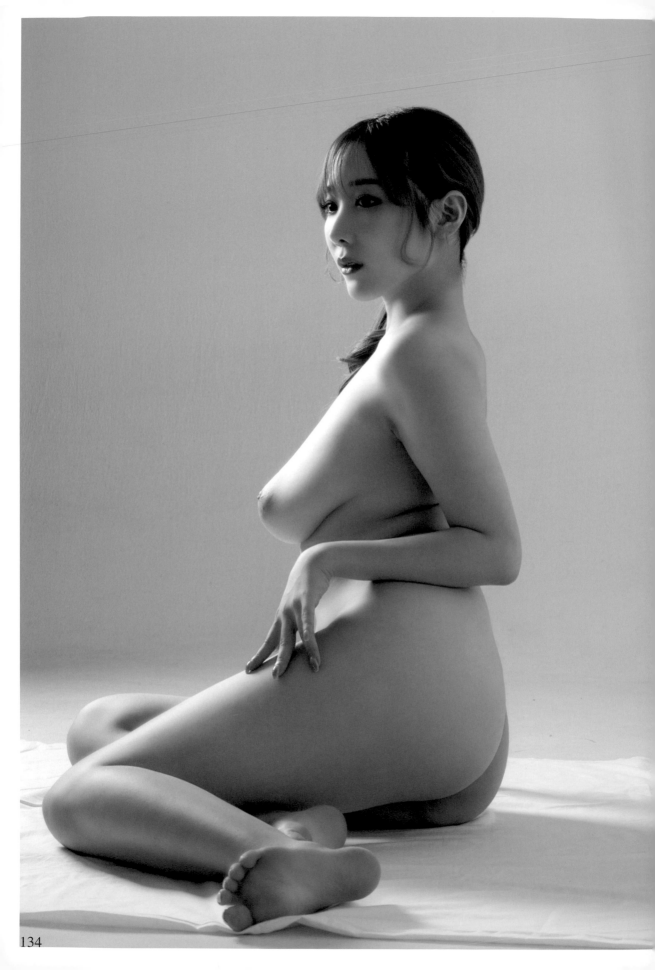

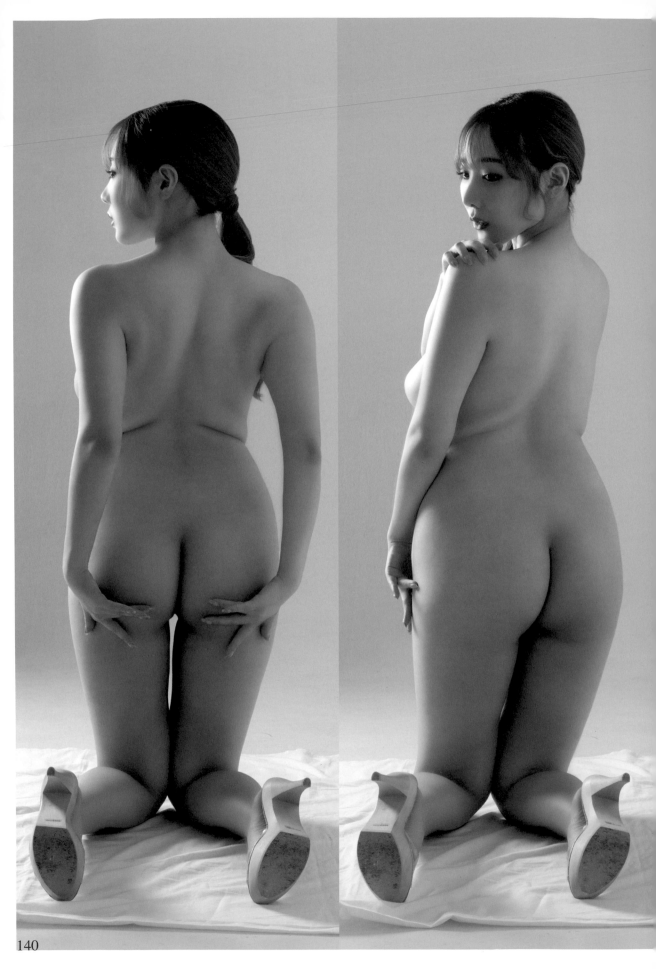

獻給買下這本姿勢集的你

在與能力出色的攝影室
以及工作人員的合作之下
完成的這本姿勢集
成果令人大為滿足 ☺
若有符合你偏好的姿勢
一定要多看幾遍喔 ♡

日文版STAFF
妝髮＆造型：ISAKO
封面／內文設計／加工：合同会社MSK
模特兒經紀公司：C-more ENTERTAINMENT
小道具協助：AWABEES

典藏裸體姿勢集 小宵こなん

2023 年 11 月 1 日初版第一刷發行
2024 年 5 月 15 日初版第二刷發行

攝　　影　田村浩章
譯　　者　何姵儀
編　　輯　吳欣怡
發 行 人　若森稔雄
發 行 所　台灣東販股份有限公司
　　　　　＜地址＞台北市南京東路 4 段 130 號 2F-1
　　　　　＜電話＞(02)2577-8878
　　　　　＜傳真＞(02)2577-8896
　　　　　＜網址＞http://www.tohan.com.tw
郵撥帳號　1405049-4
法律顧問　蕭雄淋律師
總 經 銷　聯合發行股份有限公司
　　　　　＜電話＞(02)2917-8022

PREMIUM NUDE POSE BOOK KOYOI KONAN
© HIROAKI TAMURA 2022
Originally published in Japan in 2022
by GOT Corporation,TOKYO.
Traditional Chinese translation rights arranged with
GOT Corporation ,TOKYO,
through TOHAN CORPORATION, TOKYO.

國家圖書館出版品預行編目(CIP)資料

典藏裸體姿勢集 小宵こなん／田村浩章攝影；何姵儀
譯 . -- 初版 . -- 臺北市：臺灣東販，2023.11
　144面；18.2×25.7公分
　ISBN 978-626-379-026-1(平裝)

1.CST：人物畫 2.CST：裸體 3.CST：繪畫技法

947.23　　　　　　　　　　　　　　112014527